Miss Butterfly's Fantastic Journey And Other Bilingual French-English Stories for Kids

Pomme Bilingual

Published by Pomme Bilingual, 2024.

MISS BUTTERFLY'S FANTASTIC JOURNEY AND OTHER BILINGUAL FRENCH-ENGLISH STORIES FOR KIDS

First edition. September 23, 2024.

Copyright © 2024 Pomme Bilingual.

ISBN: 979-8227663160

Written by Pomme Bilingual.

Table of Contents

Le Fantastique Voyage de Mademoiselle Papillon

Il était une fois, dans un petit village coloré, une petite fille nommée Mademoiselle Papillon. Elle était connue pour sa joie contagieuse et ses magnifiques robes multicolores qui faisaient penser à un jardin fleuri. Chaque matin, Mademoiselle Papillon se réveillait avec l'odeur sucrée des fleurs et le chant joyeux des oiseaux.

Un jour elle découvrit un vieux livre poussiéreux dans le grenier de sa grand-mère. Ce livre, intitulé "Les Aventures de la Fée des Rêves", parlait d'une fée qui pouvait réaliser les rêves les plus fous. Ses yeux s'illuminèrent d'excitation. "Et si je pouvais rencontrer cette fée?" se dit-elle.

Avec son cœur battant la chamade, Mademoiselle Papillon décida de partir à l'aventure. Elle enfila sa robe préférée, prit son chapeau à fleurs, et se mit en route vers la forêt enchantée. La forêt était connue pour ses arbres gigantesques et ses créatures extraordinaires.

En entrant dans la forêt, elle rencontra un petit écureuil nommé Ziggy. Ziggy avait une grande moustache et des lunettes rondes. "Bonjour, Mademoiselle Papillon! Où vas-tu si joyeusement?" demanda-t-il.

"Je pars à la recherche de la Fée des Rêves!" répondit-elle avec enthousiasme.

Ziggy, intrigué, décida de l'accompagner. "Je suis sûr qu'ensemble, nous pouvons trouver cette fée!" dit-il en sautant de joie.

Ils avancèrent à travers les sentiers enchevêtrés, rencontrant toutes sortes d'animaux : des lapins joueurs, des hiboux sages et même une famille de hérissons qui faisait un pique-nique. Chaque rencontre était plus drôle que la précédente, et Mademoiselle Papillon riait aux éclats.

Soudain, ils arrivèrent à une clairière magnifique. Au centre, une source scintillante brillait sous le soleil. Ziggy pointa la source du doigt. "Regarde! C'est peut-être là que la Fée des Rêves se cache!"

Mademoiselle Papillon s'approcha prudemment et murmura : "Fée des Rêves, où es-tu? J'ai un rêve à réaliser!" La source se mit à vibrer et une lumière éblouissante en émana. La Fée des Rêves apparut, flottant dans l'air, avec des ailes étincelantes et un sourire radieux.

"Bonjour, Mademoiselle Papillon! Je suis la Fée des Rêves," dit-elle d'une voix douce. "Que désires-tu?"

Mademoiselle Papillon, émerveillée, lui parla de son rêve d'explorer le monde entier et de voir des choses extraordinaires. La fée réfléchit un instant et dit : "Très bien! Je vais t'offrir un voyage magique, mais n'oublie pas de revenir avant la tombée de la nuit!"

D'un coup de baguette, la fée transforma Mademoiselle Papillon et Ziggy en magnifiques papillons. Ils s'envolèrent dans le ciel, au-dessus des arbres, au-dessus des nuages, découvrant des paysages incroyables. Ils survolèrent des champs de fleurs arc-en-ciel, des montagnes enneigées et même des châteaux en chocolat!

Ils firent une pause sur un nuage moelleux, où un groupe de petits nuages jouait à cache-cache. "Venez jouer avec nous!" crièrent-ils joyeusement. Mademoiselle Papillon et Ziggy passèrent un moment merveilleux à jouer avec les nuages, riant et s'amusant.

Après une journée remplie d'aventures, ils se reposèrent sur une étoile brillante. Ziggy regarda Mademoiselle Papillon avec des yeux éblouis. "C'est le plus bel endroit que j'aie jamais vu!"

Mais alors, Mademoiselle Papillon se souvint des paroles de la Fée des Rêves. "Oh non! Nous devons rentrer avant la nuit!" s'exclama-t-elle. Ils revinrent en un clin d'œil à la clairière.

La Fée des Rêves les attendait avec un sourire. "Je suis contente que vous soyez revenus à temps! Chaque rêve a sa limite. Mais n'oubliez jamais l'aventure que vous avez vécue aujourd'hui."

Avec un clin d'œil, elle transforma Mademoiselle Papillon et Ziggy de nouveau en enfants. Mademoiselle Papillon remercia la fée et rentra chez elle, le cœur plein de joie. Elle savait que le monde était rempli de magie et qu'il suffisait d'y croire pour la découvrir.

En rentrant au village, elle partagea son incroyable aventure avec tous ses amis, qui l'écoutaient avec émerveillement. À partir de ce jour, Mademoiselle Papillon ne cessa jamais de rêver et d'explorer, car elle savait que la magie était à portée de main, si l'on avait le courage de l'attraper.

Et ils vécurent tous heureux, entourés de rêves et de rires, dans ce petit village coloré.

Miss Butterfly's Fantastic Journey

Once upon a time, in a colorful little village, there lived a girl named Miss Butterfly. She was known for her contagious joy and her beautiful multicolored dresses that reminded everyone of a blooming garden. Every morning, Miss Butterfly woke up to the sweet scent of flowers and the cheerful songs of birds.

One day she discovered a dusty old book in her grandmother's attic. This book, titled "The Adventures of the Dream Fairy," spoke of a fairy who could make the wildest dreams come true. Her eyes lit up with excitement. "What if I could meet this fairy?" she thought.

With her heart racing, Miss Butterfly decided to embark on an adventure. She put on her favorite dress, grabbed her flowered hat, and set off toward the enchanted forest. The forest was known for its gigantic trees and extraordinary creatures.

As she entered the forest, she met a little squirrel named Ziggy. Ziggy had a big mustache and round glasses. "Hello, Miss Butterfly! Where are you off to so joyfully?" he asked.

"I'm on a quest to find the Dream Fairy!" she replied enthusiastically.

Ziggy, intrigued, decided to join her. "I'm sure together we can find this fairy!" he said, hopping with joy.

They ventured through the tangled paths, meeting all sorts of animals: playful rabbits, wise owls, and even a family of hedgehogs having a picnic. Each encounter was funnier than the last, and Miss Butterfly laughed heartily.

Suddenly, they arrived at a beautiful clearing. In the center, a sparkling spring shone under the sun. Ziggy pointed to the spring. "Look! Maybe that's where the Dream Fairy is hiding!"

Miss Butterfly approached cautiously and whispered, "Dream Fairy, where are you? I have a dream to fulfill!" The spring began to shimmer, and a dazzling light emanated from it. The Dream Fairy appeared, floating in the air with sparkling wings and a radiant smile.

"Hello, Miss Butterfly! I am the Dream Fairy," she said softly. "What do you wish for?"

Miss Butterfly, in awe, told her about her dream of exploring the whole world and seeing extraordinary things. The fairy thought for a moment and said, "Very well! I will grant you a magical journey, but remember to return before nightfall!"

With a wave of her wand, the fairy transformed Miss Butterfly and Ziggy into beautiful butterflies. They soared into the sky, above the trees, above the clouds, discovering incredible landscapes. They flew over rainbow-colored flower fields, snowy mountains, and even chocolate castles!

They took a break on a fluffy cloud, where a group of little clouds were playing hide and seek. "Come play with us!" they shouted joyfully. Miss Butterfly and Ziggy had a wonderful time playing with the clouds, laughing and having fun.

After a day filled with adventures, they rested on a shining star. Ziggy looked at Miss Butterfly with sparkling eyes. "This is the most beautiful place I've ever seen!"

But then, Miss Butterfly remembered the Dream Fairy's words. "Oh no! We must return before nightfall!" she exclaimed. They rushed back to the clearing in the blink of an eye.

The Dream Fairy was waiting for them with a smile. "I'm glad you returned on time! Every dream has its limit. But never forget the adventure you experienced today."

With a wink, she transformed Miss Butterfly and Ziggy back into children. Miss Butterfly thanked the fairy and went home, her heart full of joy. She knew that the world was filled with magic and that it only took a little belief to discover it.

As she returned to the village, she shared her incredible adventure with all her friends, who listened in awe. From that day on, Miss Butterfly never stopped dreaming and exploring, for she knew that magic was within reach if one had the courage to grasp it.

And they all lived happily, surrounded by dreams and laughter, in that colorful little village.

Le Monstre de Chocolat

Il était une fois, dans la ville de Douceville, un garçon nommé Max. Max n'était pas un garçon ordinaire. Non, il était le plus grand amateur de chocolat du monde entier. Il mangeait du chocolat au petit-déjeuner, au déjeuner et au dîner. Il avait même des rêves en chocolat !

Un jour, alors qu'il explorait la vieille confiserie de la ville, il découvrit une porte secrète au fond du magasin. Curieux, Max poussa la porte et se retrouva dans une pièce remplie de chocolats de toutes les formes et tailles. Il y avait des fontaines de chocolat, des montagnes de bonbons et même un arbre à chocolats qui portait des fruits en chocolat.

Tout excité, Max s'approcha de la fontaine. Mais avant qu'il ne puisse plonger sa main dans le chocolat, il entendit une voix douce et chantante : "Hé, petit garçon ! Tu es dans le royaume du Chocolat !"

Max se retourna et vit un monstre adorable, fait entièrement de chocolat ! Il avait des yeux en bonbons, une bouche en guimauve et un corps en chocolat au lait. "Je suis Choco, le Monstre de Chocolat. Et toi, tu es mon invité spécial !" dit le monstre avec un grand sourire.

Max était émerveillé. "Mais c'est incroyable ! Que puis-je faire ici ?" demanda-t-il.

Choco cligna des yeux. "Ici, tout est possible ! Nous pouvons faire des bonbons, des gâteaux, et même des chocolats qui dansent ! Mais d'abord, il y a une mission. Le Royaume du Chocolat est en danger !"

Max ouvrit de grands yeux. "En danger ? Que se passe-t-il ?"

"Un sorcier maléfique a volé la recette secrète du Chocolat Magique !
Sans cela, le chocolat va disparaître !" expliqua Choco, l'air inquiet.

Max savait qu'il devait aider. "Je vais vous aider à retrouver la recette !"

Choco sauta de joie. "Suivons la voie des friandises !"

Ils traversèrent le royaume, passant par des rivières de chocolat chaud
et des collines de bonbons. Max était aux anges, mais il savait que le
temps était compté. Ils arrivèrent bientôt devant le château du sorcier,
une structure sinistre faite de pain d'épice noir.

"Attention, Max !" murmura Choco. "Le sorcier est très sournois. Nous
devons être rusés."

Max hocha la tête. Ils se glissèrent dans le château, où des ombres
dansaient sur les murs. Soudain, ils entendirent un rire terrible. Le sorcier
apparut, vêtu d'une cape sombre, tenant la recette du Chocolat Magique
dans ses mains. "Qui ose entrer dans mon château ?!" rugit-il.

Max, tremblant mais déterminé, s'avança. "Je suis Max, et je viens
chercher la recette !"

Le sorcier éclata de rire. "Et que comptes-tu faire ? Je suis le sorcier le plus
puissant de tous les temps !"

Max réfléchit vite. "Je te défie à un duel de chocolats !"

Le sorcier sembla intrigué. "Un duel de chocolats ? Très bien, si tu perds,
tu devras partir sans la recette. Mais si tu gagnes, tu pourras la prendre."

Max et le sorcier se mirent à la tâche. Ils mélangèrent des ingrédients,
battirent de la crème et façonnèrent des chocolats. Max se souvint des
recettes de sa mère et de ses propres expériences en cuisine. Le sorcier, en
revanche, ne pensait qu'à la magie noire.

Finalement, après une compétition acharnée, ils présentèrent leurs créations. Max avait fait des chocolats colorés et joyeux, tandis que le sorcier avait préparé un chocolat noir amer. "Jugez par vous-mêmes ! Qui a fait le meilleur chocolat ?" demanda Max.

Les yeux de Choco pétillèrent d'excitation. "Je suis le juge !"

Il goûta d'abord le chocolat du sorcier, puis celui de Max. Après un moment de réflexion, il s'exclama : "Max, ton chocolat est non seulement délicieux, mais il est aussi rempli de joie !"

Le sorcier, furieux, cria : "Non ! Ce n'est pas possible !"

Max, heureux, s'approcha du sorcier. "Donne-moi la recette du Chocolat Magique, et tu pourras garder ton château."

Le sorcier, réalisant qu'il avait perdu, tendit la recette à Max avec un soupir. "Prends-la. Je n'ai jamais eu de plaisir à faire du chocolat."

Max remercia le sorcier et, avec Choco, sortit du château, le cœur léger. Ils retournèrent à la fontaine de chocolat et Choco utilisa la recette pour créer le Chocolat Magique.

Soudain, une lumière éclatante enveloppa le royaume. Le chocolat coulait à flots, et les habitants du royaume revinrent à la vie, dansant et chantant autour de la fontaine.

"Merci, Max ! Tu as sauvé le Royaume du Chocolat !" s'écria Choco, plein de gratitude.

Max, le sourire aux lèvres, réalisa que l'aventure était encore plus délicieuse que tous les chocolats du monde. "Je reviendrai vous rendre visite, Choco !" dit-il en agitant la main en s'éloignant.

Et c'est ainsi que Max rentra chez lui, le cœur plein de joie et de chocolat. Il savait que l'amitié et la magie du chocolat seraient toujours avec lui.

The Chocolate Monster

Once upon a time, in the town of Sweetville, there lived a boy named Max. Max was not an ordinary boy. No, he was the greatest chocolate lover in the whole wide world. He ate chocolate for breakfast, lunch, and dinner. He even dreamed in chocolate!

One day, while exploring the old candy shop in town, he discovered a secret door at the back of the store. Curious, Max pushed the door open and found himself in a room filled with chocolates of all shapes and sizes. There were chocolate fountains, mountains of candy, and even a chocolate tree that bore chocolate fruits.

Excited, Max approached the fountain. But before he could dip his hand into the chocolate, he heard a sweet, melodic voice: "Hey, little boy! You're in the Kingdom of Chocolate!"

Max turned around and saw an adorable monster made entirely of chocolate! He had candy eyes, a marshmallow mouth, and a body made of milk chocolate. "I'm Choco, the Chocolate Monster. And you, my friend, are my special guest!" said the monster with a big smile.

Max was amazed. "But this is incredible! What can I do here?" he asked.

Choco blinked his eyes. "Here, anything is possible! We can make candies, cakes, and even dancing chocolates! But first, there's a mission. The Kingdom of Chocolate is in danger!"

Max's eyes widened. "In danger? What's happening?"

"An evil wizard has stolen the secret recipe for Magical Chocolate! Without it, chocolate will disappear!" explained Choco, looking worried.

Max knew he had to help. "I will help you find the recipe!"

Choco jumped for joy. "Let's follow the candy trail!"

They traveled through the kingdom, crossing rivers of hot chocolate and hills of candy. Max was overjoyed, but he knew time was of the essence. Soon they arrived at the wizard's castle, a sinister structure made of black gingerbread.

"Be careful, Max!" whispered Choco. "The wizard is very sneaky. We must be clever."

Max nodded. They sneaked into the castle, where shadows danced on the walls. Suddenly, they heard a terrible laugh. The wizard appeared, dressed in a dark cloak, holding the recipe for Magical Chocolate in his hands. "Who dares enter my castle?!" he roared.

Max, trembling but determined, stepped forward. "I'm Max, and I've come for the recipe!"

The wizard burst out laughing. "And what do you plan to do? I am the most powerful wizard of all time!"

Max thought quickly. "I challenge you to a chocolate duel!"

The wizard seemed intrigued. "A chocolate duel? Very well, if you lose, you will leave empty-handed. But if you win, you can take it."

Max and the wizard got to work. They mixed ingredients, whipped cream, and shaped chocolates. Max remembered his mother's recipes and his own kitchen experiments. The wizard, on the other hand, was focused only on dark magic.

Finally, after an intense competition, they presented their creations. Max had made colorful, joyful chocolates, while the wizard had prepared a bitter dark chocolate. "Judge for yourselves! Who made the best chocolate?" Max asked.

Choco's eyes sparkled with excitement. "I am the judge!"

He tasted the wizard's chocolate first, then Max's. After a moment of thought, he exclaimed: "Max, your chocolate is not only delicious, but it's also filled with joy!"

The wizard, furious, shouted: "No! This can't be!"

Max, happy, approached the wizard. "Give me the recipe for Magical Chocolate, and you can keep your castle."

The wizard, realizing he had lost, handed the recipe to Max with a sigh. "Take it. I never enjoyed making chocolate anyway."

Max thanked the wizard and, with Choco, left the castle with a light heart. They returned to the chocolate fountain, and Choco used the recipe to create Magical Chocolate.

Suddenly, a brilliant light enveloped the kingdom. Chocolate flowed in abundance, and the kingdom's inhabitants came back to life, dancing and singing around the fountain.

"Thank you, Max! You saved the Kingdom of Chocolate!" cried Choco, full of gratitude.

Max, smiling, realized that the adventure was even sweeter than all the chocolates in the world. "I'll come back to visit you, Choco!" he said, waving goodbye as he walked away.

And so Max returned home, his heart full of joy and chocolate. He knew that friendship and the magic of chocolate would always be with him.

Les Aventures Fantastiques de Léa et le Chat Magique

Il était une fois, dans un petit village nommé Paillettes, une fille pétillante nommée Léa. Léa avait une imagination débordante et adorait explorer les bois derrière sa maison. Un jour, en se promenant, elle découvrit un sentier qu'elle n'avait jamais vu auparavant.

Curieuse, Léa décida de suivre ce chemin. Après quelques minutes de marche, elle aperçut une lumière scintillante au bout du sentier. Intriguée, elle accéléra le pas et, à sa grande surprise, arriva devant une petite porte en bois ornée de fleurs dorées.

Sans réfléchir, Léa poussa la porte et entra. Elle se retrouva dans un monde extraordinaire, rempli de créatures merveilleuses. Des oiseaux multicolores chantaient des mélodies enjouées, et des papillons géants volaient dans les airs. Mais le plus incroyable, c'était un chat, assis sur un coussin moelleux, avec une fourrure aussi brillante que l'or.

"Bonjour, petite aventurière !" dit le chat d'une voix douce et chaleureuse. "Je suis Mistral, le chat magique. Que cherches-tu dans ce royaume enchanté ?"

Léa, ébahie, répondit : "Je ne sais pas ! Je suis simplement curieuse. Ce monde est incroyable !"

Mistral sourit. "Ici, tout est possible ! Si tu veux, je peux te montrer des choses merveilleuses. Mais d'abord, il te faut un but."

"Un but ? Comme quoi ?" demanda Léa.

"Il y a une étoile en danger. Elle brille de moins en moins, et si nous n'agissons pas, elle disparaîtra. Souhaites-tu m'aider à la sauver ?" proposa Mistral.

Léa hocha la tête avec enthousiasme. "Oui, bien sûr ! Que devons-nous faire ?"

Mistral sauta de son coussin et lui dit : "Nous devons trouver les trois ingrédients magiques qui raviveront l'étoile. Prête pour l'aventure ?"

"Prête !" s'exclama Léa.

Le chat et la petite fille partirent ensemble. Leur première destination était la Montagne des Glaces. En grimpant, ils rencontrèrent un groupe de pingouins dansants, tous vêtus de petits chapeaux de fête. "Bonjour, amis ! Que faites-vous ici ?" demanda Léa, émerveillée.

"Nous célébrons la Fête de la Glace !" répondit un pingouin en pirouettant. "Si vous voulez de la glace, vous devez d'abord nous faire rire !"

Léa, réfléchissant vite, se mit à raconter des blagues. "Pourquoi les pingouins ne vont-ils jamais à l'école ? Parce qu'ils ont peur des poissons !"

Les pingouins éclatèrent de rire, se secouant dans tous les sens. "Bravo ! Tu es très drôle, Léa ! Nous te donnerons de la glace si tu nous racontes encore une blague."

Léa, heureuse de faire rire ses nouveaux amis, continua à leur raconter des histoires hilarantes. À la fin, les pingouins lui offrirent une boule de glace scintillante, l'un des ingrédients magiques !

"Merci beaucoup !" dit Léa, en prenant la boule de glace. Mistral et elle remercièrent les pingouins et poursuivirent leur chemin vers le deuxième ingrédient.

Leur prochaine étape les mena à la Forêt des Murmures, un endroit mystérieux où les arbres chuchotaient des secrets. En s'avançant, Léa et Mistral entendirent un bruit doux, presque musical. Ils s'approchèrent d'un arbre immense dont les feuilles brillaient comme des diamants.

"Bonjour, Léa et Mistral ! Je suis l'Arbre des Secrets. Pour vous donner le deuxième ingrédient, vous devez me chanter une chanson," déclara l'arbre d'une voix mélodieuse.

Léa, un peu nerveuse, commença à chanter une chanson sur l'amitié et l'aventure. Sa voix résonnait dans la forêt, attirant l'attention de toutes les créatures environnantes. Quand elle eut terminé, l'Arbre des Secrets applaudit avec ses branches. "Bravo ! Ta voix est magnifique. Voici la Poussière de Rêve, le deuxième ingrédient !"

Léa prit la poussière scintillante, émerveillée par sa beauté. "Merci beaucoup ! Nous avons maintenant deux ingrédients. Plus qu'un à trouver !"

Mistral hocha la tête. "Nous sommes presque là ! Notre dernière destination est la Vallée des Étoiles."

En chemin, ils rencontrèrent un dragon, mais pas un dragon ordinaire. Ce dragon avait des écailles en chocolat et soufflait des bouffées de caramel. "Salut ! Je suis Caramel, le dragon gourmand. Que faites-vous ici ?" demanda-t-il, en léchant ses babines.

"Nous cherchons le dernier ingrédient pour sauver une étoile," expliqua Mistral.

Caramel, les yeux pétillants de curiosité, dit : "Je peux vous aider, mais d'abord, vous devez me montrer votre talent culinaire ! Préparez-moi quelque chose de délicieux !"

Léa, excitée par le défi, se mit à l'œuvre avec Mistral. Ils combinèrent la glace, la poussière de rêve et quelques ingrédients qu'ils trouvèrent dans la vallée. Après quelques minutes de travail, ils créèrent un gâteau étincelant, rempli de saveurs incroyables.

Caramel, impatient, goûta le gâteau. "Mmm, c'est délicieux ! Vous êtes des chefs incroyables ! Voici la Lueur d'Étoile, le dernier ingrédient !" dit-il en leur offrant une petite étoile brillante.

Avec tous les ingrédients en main, Léa et Mistral retournèrent à l'endroit où se trouvait l'étoile en danger. "Maintenant, mélangeons tout cela !" dit Mistral.

En combinant les ingrédients, une lumière éclatante jaillit, illuminant le ciel. L'étoile, qui brillait de moins en moins, commença à scintiller de nouveau, plus belle que jamais.

"Bravo, Léa ! Tu as sauvé l'étoile !" s'exclama Mistral, en dansant de joie.

Léa était si heureuse qu'elle sauta dans les airs. "Merci, Mistral ! C'était une aventure incroyable !"

Mistral s'approcha d'elle et dit : "N'oublie jamais que l'amitié et l'imagination sont les plus grands trésors. Retourne chez toi, et souviens-toi toujours de ce que tu as appris ici."

Avec un dernier regard sur le royaume magique, Léa retourna par le sentier doré, son cœur plein de joie et de souvenirs. Elle savait qu'elle avait découvert un monde merveilleux, mais surtout, elle avait découvert la magie qui réside dans l'amitié.

The Fantastic Adventures of Léa and the Magical Cat

Once upon a time, in a little village named Sparkles, there lived a bubbly girl named Léa. Léa had a boundless imagination and loved exploring the woods behind her house. One day, while taking a walk, she discovered a path she had never seen before.

Curious, Léa decided to follow this path. After a few minutes of walking, she spotted a shimmering light at the end of the trail. Intrigued, she quickened her pace and, to her great surprise, found herself in front of a small wooden door adorned with golden flowers.

Without thinking, Léa pushed the door open and stepped inside. She found herself in an extraordinary world, filled with wonderful creatures. Colorful birds sang cheerful melodies, and giant butterflies flew through the air. But the most amazing thing was a cat, sitting on a fluffy cushion, with fur as shiny as gold.

"Hello, little adventurer!" said the cat in a sweet and warm voice. "I am Mistral, the magical cat. What are you searching for in this enchanted kingdom?"

Léa, astonished, replied, "I don't know! I'm just curious. This world is incredible!"

Mistral smiled. "Here, anything is possible! If you want, I can show you marvelous things. But first, you need a purpose."

"A purpose? Like what?" asked Léa.

"There is a star in danger. It is shining less and less, and if we don't act, it will disappear. Would you like to help me save it?" proposed Mistral.

Léa nodded enthusiastically. "Yes, of course! What do we need to do?"

Mistral jumped off his cushion and said, "We must find the three magical ingredients that will revive the star. Ready for an adventure?"

"Ready!" exclaimed Léa.

The cat and the little girl set off together. Their first destination was the Ice Mountain. As they climbed, they met a group of dancing penguins, all wearing little party hats. "Hello, friends! What are you doing here?" asked Léa, amazed.

"We're celebrating the Ice Festival!" replied one penguin, twirling around. "If you want some ice, you must first make us laugh!"

Léa, thinking quickly, began to tell jokes. "Why don't penguins go to school? Because they're afraid of fish!"

The penguins burst into laughter, shaking all over. "Bravo! You are very funny, Léa! We will give you ice if you tell us another joke."

Happy to entertain her new friends, Léa continued telling them hilarious stories. In the end, the penguins gifted her a shimmering ice ball, one of the magical ingredients!

"Thank you so much!" said Léa, taking the ice ball. Mistral and she thanked the penguins and continued on their way to find the second ingredient.

Their next stop was the Whispering Forest, a mysterious place where the trees whispered secrets. As they walked deeper, Léa and Mistral heard a soft, almost musical sound. They approached a giant tree with leaves shining like diamonds.

"Hello, Léa and Mistral! I am the Tree of Secrets. To give you the second ingredient, you must sing me a song," declared the tree in a melodious voice.

Léa, a little nervous, began to sing a song about friendship and adventure. Her voice resonated through the forest, attracting the attention of all the creatures nearby. When she finished, the Tree of Secrets applauded with its branches. "Bravo! Your voice is beautiful. Here is Dream Dust, the second ingredient!"

Léa took the sparkling dust, amazed by its beauty. "Thank you very much! We now have two ingredients. Just one more to find!"

Mistral nodded. "We're almost there! Our last destination is the Valley of Stars."

On their way, they encountered a dragon, but not an ordinary dragon. This dragon had chocolate scales and breathed caramel puffs. "Hi! I'm Caramel, the gourmet dragon. What are you doing here?" he asked, licking his lips.

"We're looking for the last ingredient to save a star," explained Mistral.

Caramel, his eyes sparkling with curiosity, said, "I can help you, but first, you must show me your cooking talent! Prepare something delicious for me!"

Léa, excited by the challenge, got to work with Mistral. They combined the ice, the dream dust, and some ingredients they found in the valley. After a few minutes, they created a dazzling cake filled with incredible flavors.

Caramel, impatient, tasted the cake. "Mmm, this is delicious! You are amazing chefs! Here is Star Glow, the last ingredient!" he said, offering them a small shining star.

With all the ingredients in hand, Léa and Mistral returned to the place where the endangered star was. "Now, let's mix everything!" said Mistral.

As they combined the ingredients, a brilliant light burst forth, illuminating the sky. The star, which had been shining less and less, began to sparkle again, more beautiful than ever.

"Bravo, Léa! You saved the star!" exclaimed Mistral, dancing with joy.

Léa was so happy that she jumped into the air. "Thank you, Mistral! This was an incredible adventure!"

Mistral approached her and said, "Never forget that friendship and imagination are the greatest treasures. Go home, and always remember what you learned here."

With one last look at the magical kingdom, Léa returned by the golden path, her heart full of joy and memories. She knew she had discovered a wonderful world, but above all, she had discovered the magic that lies in friendship.

Le Mystère du Monstre de la Bibliothèque

Dans la petite ville de Luneville, il y avait une bibliothèque qui était célèbre pour ses livres incroyables. Les enfants adoraient y passer des heures à lire des histoires de pirates, de dragons et d'aventures spatiales. Mais ce que personne n'osait avouer, c'était qu'il y avait un mystérieux monstre qui vivait à l'intérieur de la bibliothèque.

Le monstre, connu sous le nom de Grignoteur de Pages, était un être énorme avec des yeux brillants et une grande bouche pleine de dents pointues. Personne ne l'avait jamais vu, mais les enfants entendaient souvent des bruits étranges venant des étagères.

Un jour, une petite fille courageuse nommée Camille décida de résoudre le mystère du monstre. "Je vais prouver qu'il n'y a pas de monstre dans cette bibliothèque !" dit-elle avec détermination. Ses amis, Louis et Clara, voulurent l'accompagner.

"Es-tu sûre que tu veux faire ça ?" demanda Louis, un peu inquiet. "Et si le monstre est vraiment là ?"

"Ne sois pas ridicule ! Ce ne sont que des histoires," répondit Camille en riant. "Nous devons juste être prudents."

Le lendemain, les trois amis se retrouvèrent devant la bibliothèque. Les grandes portes en bois grincèrent en s'ouvrant, et une odeur de vieux livres les accueillit. Ils entrèrent et se dirigèrent vers la section des contes de fées, là où les bruits étranges avaient été entendus pour la dernière fois.

Camille ouvrit un livre de contes et commença à lire à voix haute. Les mots dansaient autour d'eux, et bientôt, ils entendirent un léger bruit de grattement. Les enfants échangèrent des regards inquiets.

"Qu'est-ce que c'était ?" murmura Clara, ses yeux s'écarquillant de peur.

"Peut-être que c'est juste un rat," suggéra Louis, mais sa voix tremblait.

Soudain, un bruit sourd résonna, suivi d'un grand "GROOOOAR !" qui fit vibrer les murs. Les enfants poussèrent un cri et se cachèrent derrière une étagère.

"Nous devons nous approcher," chuchota Camille. "Peut-être que nous pourrions voir ce que c'est !"

Ils s'avancèrent lentement, leurs cœurs battant à tout rompre. Au moment où ils atteignirent le coin de l'étagère, ils virent une grande ombre. Le monstre se tenait là, ses yeux brillants les fixant.

"Je... je suis le Grignoteur de Pages," dit la créature d'une voix rauque. "Vous avez dérangé mon sommeil."

Les enfants étaient pétrifiés. "Nous... nous ne voulions pas vous déranger," balbutia Camille. "Nous voulions juste lire."

Le Grignoteur de Pages se pencha en avant, révélant ses dents pointues. "Je dévore les livres que vous ne lisez pas. Ils deviennent mon goûter."

Camille, réalisant qu'il n'était pas vraiment méchant, prit son courage à deux mains. "Mais pourquoi ne nous as-tu jamais parlé ? Nous aurions pu te prêter des livres !"

Le Grignoteur de Pages réfléchit un moment, puis répondit : "Je n'ai jamais eu d'amis. Je pensais que vous auriez peur de moi."

Clara, qui avait toujours été fascinée par les monstres, s'approcha. "Mais tu n'es pas un monstre, tu es juste un grand amoureux des livres !"

Le Grignoteur de Pages sourit, montrant une rangée de dents. "Vraiment ?"

"Oui !" s'exclama Camille. "Et si nous te lisions des histoires ensemble ?"

Les yeux du Grignoteur de Pages s'illuminèrent. "J'adorerais ça !"

Les enfants s'assirent sur le sol, entourés par des livres aux couleurs vives. Ils passèrent la journée à lire des histoires drôles et excitantes, et le Grignoteur de Pages écoutait avec fascination. À chaque page tournée, il riait et faisait des bruits de surprise.

"Et ensuite, le dragon a craché du feu sur le chevalier !" s'écria Clara, riant de toutes ses dents.

"Je n'aurais jamais cru qu'un dragon pouvait être si amusant !" s'exclama le Grignoteur de Pages.

Lorsque le soleil commença à se coucher, les enfants réalisèrent qu'ils devaient rentrer chez eux. "Merci de nous avoir permis de lire avec toi !" dit Camille. "Nous reviendrons demain."

Le Grignoteur de Pages, maintenant heureux et souriant, leur fit un signe de la main. "Je serai ici. Et n'oubliez pas, apportez-moi de nouveaux livres !"

Les enfants sortirent de la bibliothèque, leur cœur léger et rempli de joie. Ils avaient découvert que le monstre n'était pas si terrible après tout, mais plutôt un ami formidable.

Et voilà comment le Grignoteur de Pages trouva des amis pour la vie, prouvant que parfois, les choses qui nous font peur peuvent être les plus merveilleuses de toutes.

The Mystery of the Library Monster

In the small town of Moonville, there was a library famous for its incredible books. Children loved to spend hours reading stories about pirates, dragons, and space adventures. But what no one dared to admit was that there was a mysterious monster living inside the library.

The monster, known as the Page Muncher, was a huge creature with bright eyes and a big mouth full of sharp teeth. No one had ever seen him, but the children often heard strange noises coming from the shelves.

One day, a brave little girl named Camille decided to solve the mystery of the monster. "I'm going to prove that there's no monster in this library!" she said with determination. Her friends, Louis and Clara, wanted to join her.

"Are you sure you want to do this?" asked Louis, a bit worried. "What if the monster really is here?"

"Don't be silly! It's just stories," replied Camille, laughing. "We just need to be careful."

The next day, the three friends found themselves in front of the library. The big wooden doors creaked open, and a smell of old books welcomed them. They entered and headed to the fairy tale section, where the strange noises had been heard last.

Camille opened a storybook and began to read aloud. The words danced around them, and soon they heard a soft scratching noise. The children exchanged worried glances.

"What was that?" whispered Clara, her eyes wide with fear.

"Maybe it's just a rat," suggested Louis, but his voice trembled.

Suddenly, a loud noise echoed, followed by a great "GROOOOAR!" that shook the walls. The children screamed and hid behind a shelf.

"We have to get closer," whispered Camille. "Maybe we can see what it is!"

They moved forward slowly, their hearts racing. Just as they reached the corner of the shelf, they saw a large shadow. The monster stood there, its bright eyes fixed on them.

"I... I am the Page Muncher," said the creature in a hoarse voice. "You have disturbed my sleep."

The children were frozen in fear. "We... we didn't mean to disturb you," stammered Camille. "We just wanted to read."

The Page Muncher leaned forward, revealing its sharp teeth. "I devour the books you do not read. They become my snack."

Camille, realizing that it wasn't really mean, took a deep breath. "But why have you never talked to us? We could have lent you some books!"

The Page Muncher thought for a moment, then replied, "I never had friends. I thought you would be afraid of me."

Clara, who had always been fascinated by monsters, stepped closer. "But you're not a monster; you just love books!"

The Page Muncher smiled, showing a row of teeth. "Really?"

"Yes!" exclaimed Camille. "What if we read stories together?"

The Page Muncher's eyes lit up. "I would love that!"

The children sat down on the floor, surrounded by colorful books. They spent the day reading funny and exciting stories, and the Page Muncher listened with fascination. With each turned page, it laughed and made surprised noises.

"And then the dragon breathed fire on the knight!" Clara shouted, laughing heartily.

"I never thought a dragon could be so funny!" exclaimed the Page Muncher.

As the sun began to set, the children realized they had to go home. "Thank you for letting us read with you!" said Camille. "We'll be back tomorrow."

The Page Muncher, now happy and smiling, waved goodbye. "I will be here. And don't forget to bring me new books!"

The children left the library, their hearts light and filled with joy. They had discovered that the monster wasn't so terrible after all, but rather a wonderful friend.

And that's how the Page Muncher found friends for life, proving that sometimes the things that scare us can be the most wonderful of all.

Les Aventures de Léo le Lézard

Il était une fois, dans une forêt enchantée, un petit lézard nommé Léo. Léo n'était pas un lézard ordinaire ; il avait une peau brillante qui changeait de couleur en fonction de son humeur. Quand il était heureux, il devenait jaune comme un citron. Quand il était triste, il devenait bleu comme le ciel. Mais le plus étonnant, c'était qu'il pouvait aussi devenir rouge vif quand il était en colère !

Léo vivait dans un petit trou sous une grosse pierre, entouré de ses amis : une coccinelle nommée Clara et une grenouille nommée Gaston. Chaque jour, ils se retrouvaient pour jouer et explorer la forêt.

Un jour, alors qu'ils jouaient à cache-cache, Léo remarqua quelque chose de brillant au loin. "Regardez ! Qu'est-ce que c'est ?" demanda-t-il en pointant avec sa petite patte.

Clara et Gaston se retournèrent et virent un éclat doré qui scintillait à travers les arbres. Intrigués, ils décidèrent d'aller voir ce que c'était.

"Soyons prudents ! Ça pourrait être un piège !" dit Gaston, inquiet.

Mais Léo était trop curieux pour écouter. Ils s'approchèrent de l'objet brillant et découvrirent un ancien coffre en bois. "Wow ! C'est un vrai trésor !" s'exclama Léo.

Le coffre était orné de bijoux scintillants et de symboles étranges. Ils essayèrent de l'ouvrir, mais il était verrouillé. "Il doit y avoir une clé quelque part !" proposa Clara.

En cherchant autour du coffre, ils trouvèrent une carte enroulée dans une feuille. "C'est une carte au trésor !" s'écria Léo, ses écailles brillant d'excitation.

La carte montrait un chemin à travers la forêt, avec des X marquant des endroits mystérieux. "Nous devons suivre cette carte !" dit Léo, déterminé.

Les trois amis se mirent en route, traversant des ruisseaux, grimpant des collines et se faufilant sous des buissons épineux. Ils arrivèrent bientôt à un premier X sur la carte, qui marquait un vieux chêne. "Regardez ! Il y a une inscription sur l'arbre !" remarqua Gaston.

En s'approchant, ils purent lire : "Pour avancer, trouvez la plume d'un oiseau chantant."

"Nous devons trouver un oiseau qui chante," dit Clara. "Mais où en trouver un ?"

Juste à ce moment-là, un joli oiseau bleu s'envola près d'eux. "Chante, chante, petit oiseau !" cria Léo.

L'oiseau se posa sur une branche et se mit à chanter une mélodie douce. "C'est magnifique !" s'exclama Clara. "Mais comment allons-nous obtenir une plume ?"

Léo, toujours curieux, dit : "Je vais lui demander !" Il s'approcha de l'oiseau. "Bonjour, petit oiseau ! Pourrions-nous avoir une plume pour notre aventure ?"

L'oiseau, charmé par la politesse de Léo, répondit : "Bien sûr ! Mais je ne peux pas vous donner une plume sans une chanson. Chantez-moi une belle chanson, et je vous donnerai ce que vous voulez."

Léo, Clara et Gaston se regardèrent, puis commencèrent à chanter ensemble. Leur chanson était pleine de joie et d'amitié. L'oiseau, amusé, finit par leur donner une belle plume bleue.

"Merci beaucoup !" dit Léo en prenant la plume. "C'est parfait !"

Ils continuèrent leur quête, suivant la carte jusqu'à un deuxième X, qui se trouvait près d'un ruisseau. Là, ils virent un vieux crapaud assis sur une pierre. "Pour avancer, il vous faut une larme de joie," dit le crapaud d'un ton sérieux.

"Comment pouvons-nous obtenir une larme de joie ?" demanda Clara.

"Vous devez me raconter une histoire si drôle que je ne pourrai m'empêcher de rire !" répondit le crapaud.

Léo, Clara et Gaston se mirent à raconter les histoires les plus drôles qu'ils connaissaient. Ils parlèrent de la fois où Léo avait essayé de grimper à un arbre et était tombé dans un buisson de ronces, ou de la fois où Gaston avait tenté de chanter et avait fait fuir tous les autres animaux.

Finalement, le crapaud éclata de rire. "C'est tellement drôle ! Voici une larme de joie !" Il leur donna une petite goutte brillante.

"Merci, cher crapaud !" dirent-ils en chœur.

Après avoir obtenu la larme, ils se dirigèrent vers le dernier X, qui se trouvait dans une clairière ensoleillée. Là, ils virent un énorme arc-en-ciel. "Regardez ! C'est magnifique !" s'exclama Clara.

"Mais comment allons-nous le traverser ?" demanda Gaston.

Juste à ce moment-là, une belle licorne apparut. "Bonjour, petits amis ! Si vous voulez traverser l'arc-en-ciel, vous devez d'abord prouver votre valeur. Vous devez répondre à ma question."

"Quelle est la question ?" demanda Léo, nerveux mais déterminé.

"Quelle est la couleur du bonheur ?" demanda la licorne.

Les amis se regardèrent, perplexes. "Je pense que le bonheur est jaune comme le soleil," dit Clara.

"Non, je pense que c'est bleu comme le ciel," ajouta Gaston.

Léo, réfléchissant, eut une idée. "Je crois que le bonheur est une couleur qui change selon les moments et les amis. Parfois, c'est jaune, parfois bleu, parfois même rouge !"

La licorne sourit. "Bonne réponse, Léo ! Vous avez montré que le bonheur peut prendre plusieurs formes. Vous pouvez traverser l'arc-en-ciel."

En traversant l'arc-en-ciel, ils se sentirent transportés dans un monde de couleurs et de lumières éclatantes. Ils arrivèrent enfin à un autre côté de la forêt où se trouvait un magnifique coffre doré.

Léo, Clara et Gaston ouvrirent le coffre avec impatience. À l'intérieur, ils trouvèrent des trésors scintillants : des pierres précieuses, des bijoux et des livres remplis d'histoires magiques.

"Nous avons trouvé le trésor !" s'écrièrent-ils en chœur.

Et c'est ainsi que Léo le Lézard, Clara la Coccinelle et Gaston la Grenouille devinrent les héros de la forêt, prouvant que l'aventure et l'amitié peuvent être les plus grands trésors de tous.

The Adventures of Leo the Lizard

Once upon a time, in an enchanted forest, there was a little lizard named Leo. Leo was not an ordinary lizard; he had shiny skin that changed color based on his mood. When he was happy, he turned yellow like a lemon. When he was sad, he turned blue like the sky. But the most astonishing thing was that he could turn bright red when he was angry!

Leo lived in a small hole under a big rock, surrounded by his friends: a ladybug named Clara and a frog named Gaston. Every day, they would gather to play and explore the forest.

One day, while they were playing hide-and-seek, Leo noticed something shiny in the distance. "Look! What is that?" he asked, pointing with his little paw.

Clara and Gaston turned around and saw a golden glimmer sparkling through the trees. Intrigued, they decided to go see what it was.

"Let's be careful! It might be a trap!" said Gaston, worried.

But Leo was too curious to listen. They approached the shiny object and discovered an old wooden chest. "Wow! It's a real treasure!" exclaimed Leo.

The chest was adorned with sparkling jewels and strange symbols. They tried to open it, but it was locked. "There must be a key somewhere!" suggested Clara.

Searching around the chest, they found a map rolled up in a leaf. "It's a treasure map!" cried Leo, his scales gleaming with excitement.

The map showed a path through the forest, with X marking mysterious locations. "We must follow this map!" declared Leo, determined.

The three friends set off, crossing streams, climbing hills, and crawling under thorny bushes. They soon arrived at the first X on the map, which marked an old oak tree. "Look! There's an inscription on the tree!" noticed Gaston.

As they approached, they could read: "To move forward, find the feather of a singing bird."

"We need to find a singing bird," said Clara. "But where can we find one?"

Just then, a pretty blue bird flew nearby. "Sing, sing, little bird!" shouted Leo.

The bird landed on a branch and began to sing a sweet melody. "This is beautiful!" exclaimed Clara. "But how will we get a feather?"

Leo, ever curious, said, "I'll ask him!" He approached the bird. "Hello, little bird! Could we have a feather for our adventure?"

The bird, charmed by Leo's politeness, replied, "Of course! But I cannot give you a feather without a song. Sing me a lovely song, and I will give you what you want."

Leo, Clara, and Gaston looked at each other, then began to sing together. Their song was full of joy and friendship. The bird, amused, finally gave them a beautiful blue feather.

"Thank you so much!" said Leo, taking the feather. "It's perfect!"

They continued their quest, following the map to a second X, which was by a stream. There, they saw an old toad sitting on a stone. "To move on, you need a tear of joy," said the toad seriously.

"How can we get a tear of joy?" asked Clara.

"You must tell me a story so funny that I can't help but laugh!" replied the toad.

Leo, Clara, and Gaston began to tell the funniest stories they knew. They talked about the time Leo tried to climb a tree and fell into a thorn bush, or the time Gaston attempted to sing and scared all the other animals away.

Eventually, the toad burst out laughing. "That was so funny! Here's a tear of joy!" He gave them a little sparkling drop.

"Thank you, dear toad!" they said in unison.

After getting the tear, they headed toward the last X, which was in a sunny clearing. There, they saw a huge rainbow. "Look! It's beautiful!" exclaimed Clara.

"But how are we going to cross it?" asked Gaston.

Just then, a beautiful unicorn appeared. "Hello, little friends! If you want to cross the rainbow, you must first prove your worth. You need to answer my question."

"What is the question?" asked Leo, nervous but determined.

"What is the color of happiness?" asked the unicorn.

The friends looked at each other, puzzled. "I think happiness is yellow like the sun," said Clara.

"No, I think it's blue like the sky," added Gaston.

Leo, thinking hard, had an idea. "I believe happiness is a color that changes with the moments and the friends. Sometimes it's yellow, sometimes blue, and sometimes even red!"

The unicorn smiled. "Good answer, Leo! You have shown that happiness can take many forms. You may cross the rainbow."

As they crossed the rainbow, they felt transported to a world of dazzling colors and lights. They finally arrived at the other side of the forest, where a magnificent golden chest awaited.

Leo, Clara, and Gaston opened the chest eagerly. Inside, they found sparkling treasures: gemstones, jewelry, and books filled with magical stories.

"We found the treasure!" they shouted in unison.

And so, Leo the Lizard, Clara the Ladybug, and Gaston the Frog became the heroes of the forest, proving that adventure and friendship could be the most precious treasures of all.

Le Mystère de la Boulangerie Enchantée

Il était une fois, dans un petit village tranquille nommé Petit Pain, une boulangerie spéciale. Cette boulangerie, appelée "La Boulangerie Enchantée", était tenue par une gentille vieille dame nommée Madame Beurre. Elle avait un talent incroyable pour faire des pains et des gâteaux qui faisaient danser les papilles. Mais il y avait un secret : chaque fois que quelqu'un prenait un morceau de pain, il était transporté dans un monde magique rempli d'aventures !

Un jour, trois enfants curieux – Max, Léa et Hugo – décidèrent d'explorer la boulangerie. Max était un rêveur, Léa était une exploratrice audacieuse, et Hugo était un amateur de sucreries. "Regardez ces gâteaux ! Ils ont l'air incroyables !" s'exclama Max, en se frottant les mains.

Léa, avec des étoiles dans les yeux, ajouta : "Et si nous goûtions un de ces pains magiques ?"

Hugo, la bouche déjà pleine de salive, murmura : "Je parie qu'ils sont délicieux !"

Les enfants entrèrent dans la boulangerie, où l'odeur du pain chaud les enivra. Madame Beurre les accueillit avec un sourire chaleureux. "Bonjour, mes petits aventuriers ! Que puis-je vous offrir aujourd'hui ?"

Max pointa un pain en forme de dragon. "Je veux celui-ci !" s'écria-t-il. "Il a l'air de pouvoir m'emmener dans un monde de dragons !"

"Et moi, je veux un gâteau en forme de château !" ajouta Léa.

Hugo, ne voulant pas être en reste, choisit un croissant géant qui semblait presque vivant. "Je veux celui-là !"

Madame Beurre, amusée, les regarda et dit : "Très bien, mes enfants. Mais souvenez-vous, chaque morceau de mes créations vous emmènera dans une aventure unique !"

Les enfants prirent leurs choix et, dès qu'ils prirent une bouchée, un éclair de lumière les enveloppa. En un clin d'œil, ils se retrouvèrent dans un monde magique, plein de couleurs éclatantes et de créatures fantastiques.

"Wow !" s'exclama Max, émerveillé. "Regardez ces dragons qui volent dans le ciel !"

Léa, excitée, s'écria : "Et ces châteaux en sucre ! C'est comme un rêve !"

Hugo, les yeux rivés sur un énorme croissant volant, cria : "Regardez ce croissant ! Il flotte comme un ballon !"

Les enfants se mirent à explorer ce monde incroyable. Ils rencontrèrent des fées qui dansaient autour d'eux et des licornes qui galopaient dans des prairies fleuries. Chaque créature leur offrait une friandise encore plus délicieuse que la précédente.

Mais bientôt, ils réalisèrent qu'ils avaient un problème. Alors qu'ils se promenaient, un grand dragon noir et rugueux apparut, bloquant leur chemin. "Vous ne pouvez pas passer sans résoudre mon énigme !" gronda-t-il.

Les enfants, un peu effrayés, se regardèrent. "Quel genre d'énigme ?" demanda Max, en essayant de cacher sa peur.

"Voici mon énigme," dit le dragon en plissant les yeux. "Je suis quelque chose que vous pouvez casser, mais je ne suis pas un œuf. Je peux être un secret, un silence, ou même une promesse. Qu'est-ce que je suis ?"

Les enfants se grattèrent la tête, pensant intensément. "C'est un œuf, non ?" suggéra Léa.

"Non ! Un secret ?" tenta Hugo.

Max, qui avait un don pour les devinettes, dit enfin : "C'est un silence !"

Le dragon, surpris, éclata de rire. "Bravo, petit homme ! Vous avez trouvé la réponse ! Vous pouvez passer."

Les enfants remercièrent le dragon et continuèrent leur chemin. Ils arrivèrent bientôt à un magnifique château en sucre, où ils rencontrèrent une sorcière au sourire accueillant. "Bienvenue dans mon château ! Je suis la Sorcière Sucrée. Que désirez-vous ?"

Léa, les yeux brillants, répondit : "Nous aimerions goûter à vos délices !"

La sorcière les conduisit dans une salle remplie de gâteaux, de bonbons et de sucreries. Les enfants n'en croyaient pas leurs yeux. "Choisissez ce que vous voulez !" dit-elle en souriant.

Ils se mirent à choisir des bonbons multicolores et des gâteaux à la crème. Max choisit un gâteau en forme de dragon, Léa prit une tarte aux fruits qui brillait de mille feux, et Hugo opta pour un énorme bonbon en forme de cœur.

"Mais attention," dit la sorcière. "Ces sucreries vous donneront des pouvoirs spéciaux pour le reste de votre aventure."

"Des pouvoirs spéciaux ? Comme quoi ?" demanda Hugo, intrigué.

"Si vous mangez ce gâteau en forme de dragon, vous pourrez cracher du feu comme un vrai dragon ! Et si vous mangez la tarte aux fruits, vous aurez la capacité de voler !" expliqua la sorcière.

Les enfants, ravis, commencèrent à déguster leurs douceurs. En un instant, ils se sentirent différents. Max cracha une petite flamme et s'écria : "Regardez-moi, je suis un dragon !"

Léa, en prenant son envol, s'exclama : "Je vole ! Je vole !"

Hugo, en se dandinant avec son bonbon, réalisa qu'il pouvait changer de forme. "Regardez, je suis un ours !"

Les enfants s'amusèrent pendant des heures, volant dans le ciel et jouant avec des fées. Mais ils réalisèrent rapidement qu'il était temps de rentrer chez eux. "Je veux retourner à la boulangerie ! Nous devons retrouver Madame Beurre !" dit Max.

Ils remercièrent la Sorcière Sucrée et se mirent à la recherche d'un moyen de revenir. En cherchant, ils tombèrent sur un groupe de gnomes qui dansaient autour d'un feu de camp. "Si vous voulez retourner chez vous, vous devez d'abord danser avec nous !" dirent-ils.

"Danser ? Mais nous ne savons pas danser !" s'exclama Léa.

"Pas de souci ! Suivez-nous et amusez-vous !" répondirent les gnomes, joyeux.

Les enfants, un peu hésitants, se mirent à danser avec les gnomes. Ils firent des mouvements amusants, se roulant par terre et sautant en l'air. Le rire résonnait dans l'air, et bientôt, ils dansaient avec enthousiasme.

Après une danse enjouée, les gnomes leur dirent : "Vous avez bien dansé ! Maintenant, vous pouvez retrouver votre chemin."

Les enfants remercièrent les gnomes et, en suivant le chemin qu'ils avaient emprunté, ils trouvèrent un portail scintillant. "Regardez ! C'est le portail pour retourner à la boulangerie !" cria Hugo.

Ils franchirent le portail et se retrouvèrent immédiatement dans la boulangerie de Madame Beurre. "Oh là là ! Vous êtes revenus !" s'exclama Madame Beurre, ravie de les voir.

"Nous avons vécu une aventure incroyable !" s'écrièrent les enfants en chœur.

Madame Beurre sourit et dit : "Je suis heureuse de vous revoir ! Je savais que mes pains étaient spéciaux. Maintenant, dites-moi tout sur votre voyage !"

Les enfants racontèrent leurs rencontres avec le dragon, la sorcière et les gnomes. "Et nous avons même dansé avec eux !" ajouta Léa.

Madame Beurre rit en écoutant leurs histoires. "Vous êtes vraiment de petits aventuriers ! Voici un cadeau pour vous. Prenez ces petits pains magiques pour vous souvenir de votre aventure."

Et c'est ainsi que Max, Léa et Hugo découvrirent que l'aventure est encore plus savoureuse quand elle est partagée avec des amis.

The Mystery of the Enchanted Bakery

Once upon a time, in a quiet little village named Petit Pain, there was a special bakery. This bakery, called "The Enchanted Bakery," was run by a kind old lady named Madame Beurre. She had an incredible talent for making breads and cakes that made taste buds dance. But there was a secret: every time someone took a piece of bread, they were transported to a magical world full of adventures!

One day, three curious children – Max, Léa, and Hugo – decided to explore the bakery. Max was a dreamer, Léa was a bold explorer, and Hugo was a candy lover. "Look at these cakes! They look amazing!" exclaimed Max, rubbing his hands together.

Léa, with stars in her eyes, added: "What if we tasted one of those magical breads?"

Hugo, with his mouth already watering, murmured: "I bet they're delicious!"

The children entered the bakery, where the smell of warm bread intoxicated them. Madame Beurre welcomed them with a warm smile. "Hello, my little adventurers! What can I offer you today?"

Max pointed to a dragon-shaped bread. "I want that one!" he shouted. "It looks like it could take me to a world of dragons!"

"And I want a cake shaped like a castle!" added Léa.

Hugo, not wanting to be left out, chose a giant croissant that seemed almost alive. "I want that one!"

Madame Beurre, amused, looked at them and said, "Very well, my children. But remember, each piece of my creations will take you on a unique adventure!"

The children took their choices, and as soon as they took a bite, a flash of light enveloped them. In the blink of an eye, they found themselves in a magical world, full of bright colors and fantastic creatures.

"Wow!" exclaimed Max, amazed. "Look at those dragons flying in the sky!"

Léa, excited, shouted: "And those sugar castles! It's like a dream!"

Hugo, his eyes glued to a huge flying croissant, cried: "Look at that croissant! It floats like a balloon!"

The children began to explore this incredible world. They met fairies dancing around them and unicorns galloping in flowery meadows. Every creature offered them a treat even more delicious than the last.

But soon, they realized they had a problem. While they were wandering, a big, rough black dragon appeared, blocking their path. "You cannot pass without solving my riddle!" he growled.

The children, a bit frightened, looked at each other. "What kind of riddle?" asked Max, trying to hide his fear.

"Here is my riddle," said the dragon, squinting his eyes. "I am something you can break, but I am not an egg. I can be a secret, a silence, or even a promise. What am I?"

The children scratched their heads, thinking hard. "Is it an egg?" suggested Léa.

"No! A secret?" tried Hugo.

Max, who had a knack for riddles, finally said: "It's silence!"

The dragon, surprised, burst out laughing. "Bravo, little man! You found the answer! You may pass."

The children thanked the dragon and continued on their way. Soon they arrived at a magnificent sugar castle, where they met a witch with a welcoming smile. "Welcome to my castle! I am the Sweet Witch. What do you desire?"

Léa, her eyes sparkling, replied: "We would like to taste your delights!"

The witch led them into a room filled with cakes, candies, and sweets. The children couldn't believe their eyes. "Choose what you want!" she said with a smile.

They began to choose multicolored candies and cream cakes. Max chose a dragon-shaped cake, Léa took a fruit tart that sparkled like a thousand stars, and Hugo opted for a huge heart-shaped candy.

"But be careful," said the witch. "These sweets will give you special powers for the rest of your adventure."

"Special powers? Like what?" asked Hugo, intrigued.

"If you eat this dragon-shaped cake, you will be able to breathe fire like a real dragon! And if you eat the fruit tart, you will have the ability to fly!" explained the witch.

The children, delighted, began to savor their treats. In an instant, they felt different. Max breathed a small flame and exclaimed: "Look at me, I'm a dragon!"

Léa, taking to the skies, shouted: "I'm flying! I'm flying!"

Hugo, bouncing with his candy, realized he could change shape. "Look, I'm a bear!"

The children had fun for hours, flying in the sky and playing with fairies. But they soon realized it was time to go home. "I want to return to the bakery! We must find Madame Beurre!" said Max.

They thanked the Sweet Witch and set off in search of a way back. While searching, they stumbled upon a group of gnomes dancing around a campfire. "If you want to go back home, you must first dance with us!" they said.

"Dance? But we don't know how to dance!" exclaimed Léa.

"No problem! Just follow us and have fun!" replied the gnomes, cheerful.

The children, a little hesitant, began to dance with the gnomes. They made funny movements, rolling on the ground and jumping in the air. Laughter echoed in the air, and soon they were dancing with enthusiasm.

After a lively dance, the gnomes said to them: "You danced well! Now you can find your way home."

The children thanked the gnomes and, following the path they had taken, found a sparkling portal. "Look! It's the portal to return to the bakery!" shouted Hugo.

They stepped through the portal and instantly found themselves back in Madame Beurre's bakery. "Oh wow! You're back!" exclaimed Madame Beurre, delighted to see them.

"We had an amazing adventure!" shouted the children in unison.

Madame Beurre smiled and said: "I'm glad to see you! I knew my breads were special. Now tell me all about your journey!"

The children recounted their encounters with the dragon, the witch, and the gnomes. "And we even danced with them!" added Léa.

Madame Beurre laughed as she listened to their stories. "You are truly little adventurers! Here's a gift for you. Take these little magical breads to remember your adventure."

And so, Max, Léa, and Hugo discovered that adventure is even more delicious when shared with friends.

Le Monstre Sous le Lit

Max était un garçon comme les autres, à un petit détail près : il était persuadé qu'un monstre vivait sous son lit. Tous les soirs, juste après que ses parents éteignaient la lumière, Max entendait un bruit étrange, comme un grognement suivi d'un souffle. Il était certain que quelque chose de terrifiant se cachait dans l'obscurité.

Un soir, bien décidé à en finir avec cette peur, Max s'arma d'une lampe de poche. Il était prêt à affronter le monstre. "Assez, c'est assez ! Je vais prouver qu'il y a quelque chose sous mon lit," murmura-t-il, les jambes tremblantes.

Avec précaution, Max glissa lentement la lampe de poche sous le lit et éclaira l'espace sombre. Rien. Pas une seule créature, pas une seule patte poilue. Pourtant, il n'était pas convaincu. "Peut-être que le monstre sait que je le cherche," pensa-t-il.

La nuit suivante, Max décida de monter un plan. Il resterait éveillé toute la nuit pour attraper le monstre. Il installa son réveil à minuit, se cacha sous ses couvertures et attendit.

Quand minuit sonna, Max écarta doucement ses draps. Cette fois, il n'avait pas peur. Mais juste au moment où il allait allumer sa lampe de poche, il entendit un bruit étrange venant d'en dessous. Un bruit de mastication. "Mmh... ça sent la pizza !" murmura une voix grave.

Max écarquilla les yeux. Un monstre qui mange de la pizza sous son lit ? Il devait rêver. Doucement, il se pencha et regarda sous son lit. Et là, devant lui, se trouvait un énorme monstre poilu, avec des cornes et des yeux brillants, en train de déguster une part de pizza.

Max resta bouche bée. Le monstre le regarda, la bouche pleine de fromage fondu. "Oh, salut," dit-il en mâchant. "Tu veux un bout ?"

Max ne savait pas quoi dire. D'abord, il y avait bien un monstre sous son lit, mais en plus, ce monstre lui proposait de partager sa pizza ! Finalement, Max répondit, hésitant : "Euh... je crois que non, merci."

Le monstre haussa les épaules. "Comme tu veux. Moi, c'est Gruffin, enchanté !"

Max ne savait pas comment réagir. "Je m'appelle Max," répondit-il. "Mais... tu es un monstre ?"

Gruffin éclata de rire, un rire si fort que le lit de Max trembla. "Un monstre ? Moi ? Oh non, je suis un mangeur de pizzas professionnel !"

Max, curieux, se détendit un peu. "Mais pourquoi tu te caches sous mon lit ?"

Gruffin prit une autre bouchée de pizza avant de répondre. "Eh bien, c'est plutôt tranquille ici. Les humains ont tendance à ne pas vérifier sous leurs lits, alors c'est un endroit parfait pour un petit dîner tranquille. Et toi, pourquoi tu restes éveillé si tard ?"

Max hésita. "Parce que... j'avais peur qu'un monstre se cache sous mon lit. Mais tu ne sembles pas effrayant."

Gruffin sourit. "Oh, je peux être très effrayant, si tu veux ! Mais en général, je préfère manger des pizzas et raconter des blagues."

Max éclata de rire. "Des blagues ? Un monstre qui raconte des blagues ?"

Gruffin hocha la tête. "Tu veux en entendre une ? Que dit une pizza triste ?"

Max haussa les épaules. "Je ne sais pas."

Gruffin sourit. "Elle est toute 'pâte-tique' !"

Max se mit à rire si fort qu'il faillit tomber du lit. "Elle est trop bonne !"

À partir de ce soir-là, Max et Gruffin devinrent amis. Chaque nuit, une fois ses parents couchés, Gruffin sortait de sous le lit, et les deux amis partageaient des histoires, des rires et, bien sûr, des parts de pizza. Max ne craignait plus les bruits de la nuit, car il savait que Gruffin n'était pas là pour lui faire peur, mais simplement pour manger et rigoler.

Un jour, Max demanda : "Pourquoi les gens croient que les monstres sont méchants ?"

Gruffin réfléchit un instant. "Je pense que c'est parce que les gens ont peur de ce qu'ils ne connaissent pas. Mais si tu prends le temps de connaître un monstre, tu te rendras compte qu'il n'y a rien à craindre."

Max hocha la tête. "C'est vrai. Avant, j'avais peur de toi, mais maintenant, tu es mon meilleur ami."

Les jours passèrent, et Max devint de plus en plus courageux. Il n'avait plus peur du noir, ni des bruits étranges. Il savait que tant qu'il avait Gruffin sous son lit, rien de mal ne pouvait lui arriver.

Un soir, alors qu'ils étaient en train de déguster une énorme pizza à quatre fromages, Max demanda : "Gruffin, est-ce que d'autres enfants ont des monstres comme toi sous leur lit ?"

Gruffin sourit mystérieusement. "Peut-être... Mais je suis un monstre spécial. Les autres monstres ne mangent pas autant de pizza que moi !"

Max rigola. "Eh bien, je suis content que ce soit toi sous mon lit et pas un autre."

Les deux amis continuèrent de rire et de manger jusqu'à ce que Max tombe de sommeil. Gruffin, avec un sourire bienveillant, retourna sous le lit, laissant Max rêver de pizzas et d'aventures.

Et c'est ainsi que Max découvrit que les monstres sous le lit ne sont pas toujours effrayants. Parfois, ce sont juste des amis un peu poilus qui adorent la pizza.

The Monster Under the Bed

Max was a boy like any other, with one small exception: he was convinced that a monster lived under his bed. Every night, just after his parents turned off the light, Max heard a strange noise, like a growl followed by a heavy breath. He was certain that something terrifying was hiding in the darkness.

One night, determined to end his fear, Max armed himself with a flashlight. He was ready to face the monster. "Enough is enough! I'm going to prove there's something under my bed," he whispered, his legs trembling.

With caution, Max slowly slid the flashlight under the bed and lit up the dark space. Nothing. Not a single creature, not a single furry paw. Still, he wasn't convinced. "Maybe the monster knows I'm looking for it," he thought.

The next night, Max decided to come up with a plan. He would stay awake all night to catch the monster. He set his alarm for midnight, hid under his blankets, and waited.

When midnight struck, Max gently pulled back his sheets. This time, he wasn't afraid. But just as he was about to turn on his flashlight, he heard a strange noise from below. A munching sound. "Mmm... smells like pizza!" murmured a deep voice.

Max's eyes widened. A monster eating pizza under his bed? He must be dreaming. Carefully, he leaned over and peeked under his bed. And there, in front of him, was an enormous furry monster, with horns and glowing eyes, enjoying a slice of pizza.

Max stood speechless. The monster looked at him, its mouth full of melted cheese. "Oh, hi," it said while chewing. "Want a bite?"

Max didn't know what to say. First, there actually was a monster under his bed, and second, this monster was offering to share its pizza! Finally, Max replied, hesitantly, "Uh... I think I'll pass, thanks."

The monster shrugged. "Suit yourself. I'm Gruffin, nice to meet you!"

Max didn't know how to react. "I'm Max," he replied. "But... you're a monster?"

Gruffin burst into laughter, a laugh so loud that Max's bed shook. "A monster? Me? Oh no, I'm a professional pizza eater!"

Max, curious, began to relax a little. "But why are you hiding under my bed?"

Gruffin took another bite of pizza before answering. "Well, it's pretty quiet here. Humans don't usually check under their beds, so it's the perfect place for a quiet dinner. And you, why are you up so late?"

Max hesitated. "Because... I was afraid a monster was hiding under my bed. But you don't seem scary."

Gruffin smiled. "Oh, I can be very scary if you want! But usually, I prefer to eat pizza and tell jokes."

Max burst out laughing. "Jokes? A monster that tells jokes?"

Gruffin nodded. "Want to hear one? What does a sad pizza say?"

Max shrugged. "I don't know."

Gruffin grinned. "It's feeling 'dough-mestic'!"

Max laughed so hard he nearly fell off the bed. "That's a good one!"

From that night on, Max and Gruffin became friends. Every night, after his parents went to bed, Gruffin would emerge from under the bed, and the two friends would share stories, laughs, and, of course, slices of pizza. Max was no longer afraid of the night sounds because he knew Gruffin wasn't there to scare him, just to eat and have fun.

One day, Max asked, "Why do people think monsters are mean?"

Gruffin thought for a moment. "I think it's because people are afraid of what they don't know. But if you take the time to get to know a monster, you'll realize there's nothing to fear."

Max nodded. "That's true. I used to be scared of you, but now, you're my best friend."

Days went by, and Max became braver and braver. He was no longer afraid of the dark or strange noises. He knew that as long as Gruffin was under his bed, nothing bad could happen to him.

One night, while they were enjoying a huge four-cheese pizza, Max asked, "Gruffin, do other kids have monsters like you under their beds?"

Gruffin smiled mysteriously. "Maybe... But I'm a special monster. Other monsters don't eat as much pizza as I do!"

Max laughed. "Well, I'm glad it's you under my bed and not someone else."

The two friends continued to laugh and eat until Max fell asleep. Gruffin, with a gentle smile, returned to his spot under the bed, leaving Max to dream of pizza and adventures.

And that's how Max discovered that monsters under the bed aren't always scary. Sometimes, they're just furry friends who love pizza.

www.ingramcontent.com/pod-product-compliance
Lightning Source LLC
Chambersburg PA
CBHW061408140726
47997CB00003B/1425